1판 1쇄 인쇄 | 2025년 7월 25일
1판 1쇄 발행 | 2025년 8월 18일

발행인 | 심정섭
편집인 | 안예남
편집팀장 | 최영미
편　집 | 박유미, 이선민
구　성 | 정다예
디자인 | 김윤미
브랜드마케팅 | 김지선
출판마케팅 | 홍성현, 김호현, 신재철
제　작 | 정수호

발행처 | (주)서울문화사
등록일 | 1988년 2월 16일
등록번호 | 제2-484
주　소 | 서울특별시 용산구 새창로 221-19
전　화 | 02-791-0708(판매)　02-799-9171(편집)
인쇄처 | 에스엠그린

ISBN | 979-11-7371-463-4
　　　　　979-11-7371-426-9 (세트)

ⓒTV생물도감

※잘못된 책은 구입처에서 교환해 드립니다.

TV생물도감 지음

서울문화사

시작하는 글

안녕하세요. TV생물도감입니다!
생물 전문 크리에이터로서 대한민국 곳곳은 물론 해외 여러 나라의 생물을 만나고 있습니다. 탐사를 다니며, 쉽게 보기 어려운 희귀하고 소중한 생물들을 만나기도 합니다.

이 책은 우리나라 및 해외를 탐사하며 만난 신기하고 희귀한 생물을 소개합니다. 환경오염과 서식지 파괴 등으로 사라져 가는 멸종위기 생물이 많습니다. 이들이 어떻게 살아가는지 또 어떤 상황에 처해 있는지를 이 책이 알릴 수 있는 계기가 되길 바랍니다.

TV생물도감을 사랑해 주시는 구독자 여러분,
그리고 이 책을 펼쳐 주신 여러분께
진심으로 감사드립니다.
앞으로도 생물과 자연에 대한 흥미롭고
중요한 이야기를 계속해서
전해 드리겠습니다.

- TV 생물도감 -

생물 용어 알아 두기

천연기념물

천연기념물은 국가에서 특별히 지켜야 할 가치가 있는 자연의 보물들을 말해요. 우리나라는 문화재청에서 지정해서 관리해요.

앤더슨도룡뇽

한국꼬마잠자리

멸종위기 야생생물

멸종위기 야생생물은 지구에서 점점 사라지고 있는 동식물이에요. 우리나라는 환경부에서 지정하여, 포획이나 채집, 유통할 수 없어요.

사이테스(CITES)

멸종위기에 처한 동식물을 보호하기 위한 국제적인 약속이에요. 동식물의 거래를 제한해서 보호해요.

붉은점모시나비

루리하늘소

세계자연보전연맹(IUCN)

멸종위기에 처한 생물들을 기록한 적색 목록집을 만들어요.

차례

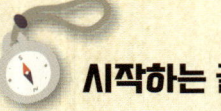

시작하는 글 … 2

생물 용어 알아 두기 … 3

- 생태 보고서 ❶ 아주 작고 놀라운 생물 … 6
- 생태 보고서 ❷ 화려한 무늬의 희귀 나비 … 20
- 생태 보고서 ❸ 오키나와의 특이한 숲속 생물 … 32
- 생태 보고서 ❹ 산속 계곡에 사는 특별한 가재 … 44
- ★ 생도의 탐구노트 화려한 색의 비밀 … 50

- 생태 보고서 ❺ 비밀이 밝혀진 전설의 하늘소 … 52
- 생태 보고서 ❻ 보르네오섬의 화려한 곤충 … 66
- 생태 보고서 ❼ 멸종위기에 처한 소중한 사슴벌레 … 78
- ★ 생도의 탐구노트 딱정벌레목 삼총사 … 92

생태 보고서 08	살아 있는 화석, 신비한 고대 생물 … 94
생태 보고서 09	신기함 주의! 다양한 바다 생물 … 108
생태 보고서 10	무시무시한 오키나와 바다 생물 … 120
★ 생도의 탐구노트	닮은꼴 바다 생물 … 132

초등 과학 교과 연계
- 3-1 동물의 생활
- 3-2 지구와 바다
- 4-1 다양한 생물과 우리 생활
- 4-2 생물과 환경

아주 작고 놀라운 생물

생태보고서 01

거미류 곤충류 파충류

대상: 표범장지뱀, 주홍거미, 한국꼬마잠자리

무당벌레인 줄 알았는데 아니라고?

500원 동전만 한 작은 생물?

이곳은 국내 최대 규모의 모래언덕인 *천연기념물 제431호 태안 신두리 *해안사구입니다.

국내 최대 규모의 모래언덕, 태안 신두리 해안사구

*천연기념물: 국가에서 특별히 지켜야 할 가치가 있는 자연의 보물.
*해안사구: 바다에서 부는 바람을 따라 모래가 이동하며 만들어진 모래산.

*초지: 풀이 나 있는 땅.
*은신처: 몸을 숨기는 안전한 장소.

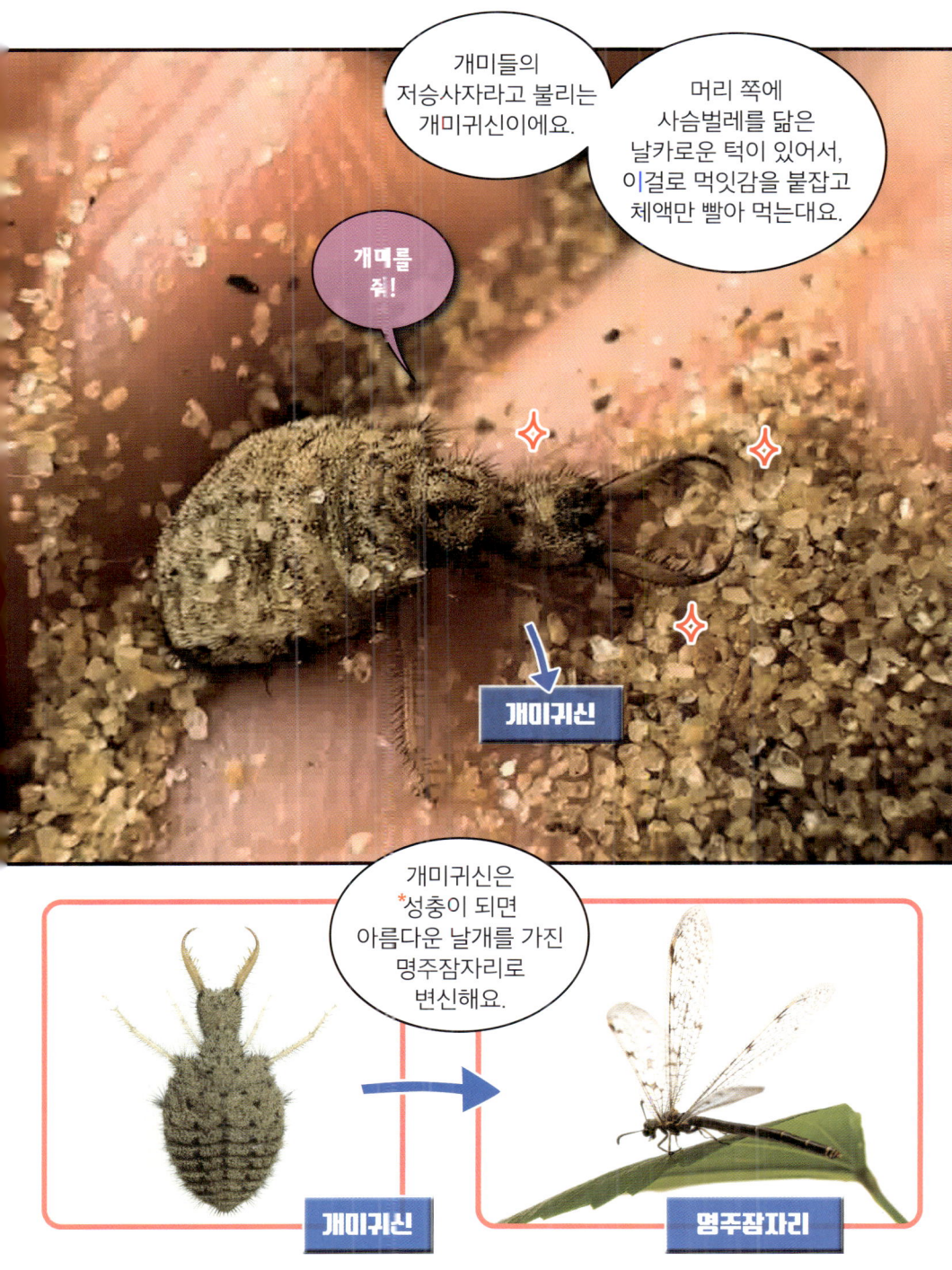

우아, 오늘의 주인공 주홍거미를 발견했어요.

이름처럼 배 윗면이 선명한 주황색이고, 복부의 검은 점 4개가 인상적이죠.

들켰다!

짜잔

주홍거미

무당벌레 같기도 하고, 타란튤라 같은 느낌도 있죠. 정말 예쁘네요!

나만큼 예쁜 거미는 없어!

타란튤라

아름다운 발색과 독특한 무늬를 가진 주홍거미

색은 화려하지만 풀숲에 숨으면 찾기가 힘들어요.

맹독을 가지고 있을 것 같지만 전혀 위험하지 않아요.

사 사 삭

크기가 정말 작아요. 오늘 만난 건 행운이었어요.

작다고 무시하지 마!

앙증

주홍거미 수컷은 8~12mm이고, 암컷은 9~16mm 정도로 조금 더 커요. 암컷은 배 윗면이 검은색을 띠어서 다른 종처럼 보이기도 해요. 주홍거미는 한국, 중국, 유럽 등에 널리 분포하며, 우리나라 전역에 서식하는걸로 추정돼요. 다만 눈에 잘 띄지 않아서 정확한 서식지는 알려지지 않았어요.

*습지: 지속적으로 물에 잠긴 땅.

날아갔다가 제자리로 돌아오는 모습을 볼 수 있는데, 경쟁자를 몰아내고 영역을 지키는 점유 행동이에요.

영역 싸움을 하는 한국꼬마잠자리

높게 날면 다른 잠자리의 먹이가 될 수 있고,

낮게 날면 개구리의 먹이가 될 수 있어서, 적당한 높이로 날아야 합니다.

밀잠자리

참개구리

개 굴

이 친구도 수컷이에요. 다른 개체에 비해 붉은색을 덜 띠는 이유는 성숙도의 차이예요.

조금 더 자라야 해!

고추잠자리처럼 수컷만 붉은색을 띠며, 성숙도가 올라갈수록 붉은색이 선명해져요.

밀반 잠자리

양옆으로 펼친 날개

잠자리목은 잠자리아목과 실잠자리아목으로 구분하는데,

잠자리아목은 날개를 좌우로 펼치고 앉고 실잠자리아목은 날개를 접고 앉습니다.

접혀진 날개

실잠자리

한국꼬마잠자리는 잠자리아목에 속하고 날개를 펴고 앉아요.

날개를 펴는 게 국룰 아닌가!

좌 악

쭈 욱

잠자리들은 해가 뜨거워질수록 꼬리를 수직에 가까울 정도로 치켜세워요. 햇볕을 받는 면적을 줄여서 체온을 낮추기 위해서예요.

어우, 지금은 너무 덥다!

이런 물속에 잠자리 유충이 살아요. 한국꼬마잠자리 유충은 물이 마르더라도 어느 정도 버틸 수 있는 능력이 있어요.

한국꼬마잠자리는 아주 얕은 습지에만 사는데 습지가 점점 사라지고 있어요.

한국꼬마잠자리가 살아갈 수 있는 환경이 보호되면 좋겠어요.

우리를 지켜줘!

대상: 표범장지뱀, 주홍거미, 한국꼬마잠자리

탐사 내용

1. 주홍거미 수컷은 배 윗면이 선명한 주홍색을 띤다.
2. 한국꼬마잠자리는 대한민국에만 서식하는 고유종이다.

느낀 점

아주 작아 쉽게 발견할 수 없는 생물들을 관찰했다.

주홍거미와 한국꼬마잠자리의 아름다운 색이 기억에 남는다.

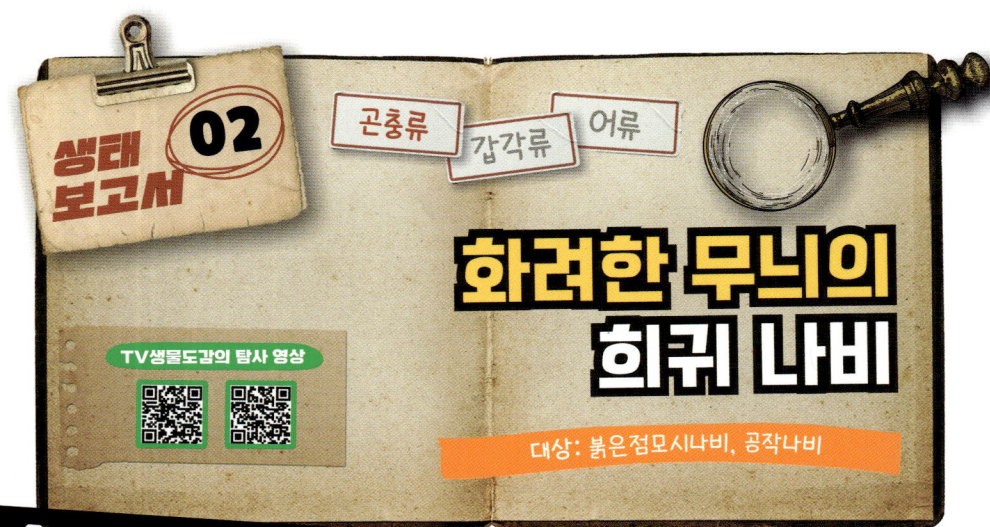

화려한 무늬의 희귀 나비

생태보고서 02 | 곤충류 갑각류 어류

TV생물도감의 탐사 영상

대상: 붉은점모시나비, 공작나비

멸종위기의 나비를 지켜라!

눈을 뗄 수 없는 화려한 나비!

대한민국에는 200종 이상의 수많은 나비가 살아가고 있어요.

오늘은 수많은 나비 가운데 멸종위기 야생생물 Ⅰ급으로 지정된 나비를 만나 볼게요.

멸종위기 야생생물 Ⅰ급 나비가 사는 곳

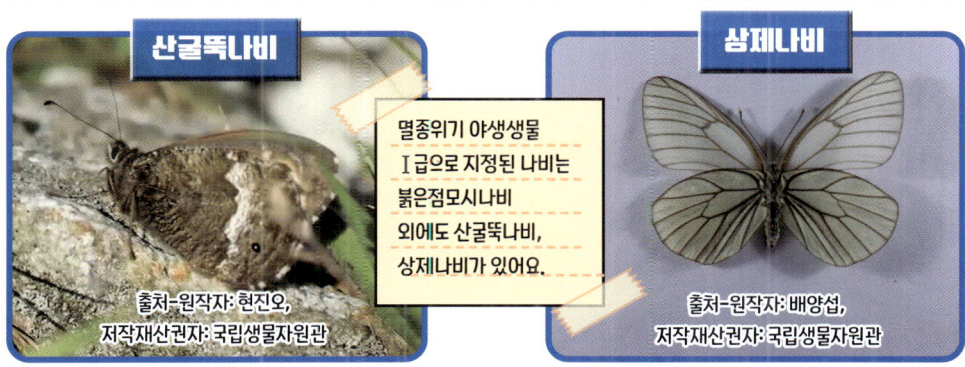

돌이 많은 산지에 서식하는 붉은점모시나비

*모시: 얇고 투명한 흰색 천. 주로 여름 옷감으로 쓰임.
*암반: 불규칙한 큰 바위.

천연 암반 지역은 붉은점모시나비 유지의 핵심 요소!

암반 지역은 나무가 자라기 어려워 *양지성 식물인 기린초가 잘 자라요.

붉은점모시나비는 기린초에 산란을 하고, 섭취도 해서 기린초가 많은 곳을 선호하기 때문에 암반 지대에 주로 서식하게 되었어요.

기린초 꽃

너무 맛있어!

성충이 기린초 꽃의 꿀을 섭취하고 있어요. 앞으로 이곳에 산란을 하고, 태어난 유충들이 기린초를 먹으면서 자랄 거예요.

*양지성 식물: 햇빛이 잘 드는 곳에서 잘 자라는 식물.

이제 막 우화한 붉은점모시나비가 햇볕이 잘 드는 곳에 몸을 말리며 체온을 올리고 있어요.

붉은점모시나비 유충은 성장하면 땅으로 내려와 낙엽 밑이나 바위틈 등에서 번데기가 되고, 그곳에서 우화하기 때문에 바닥에서 발견되는 경우가 많아요.

날개야, 어서 말라라~.

꼼꼼하게 몸을 말리고 있는 붉은점모시나비

이 친구는 수컷이네요.

이제 짝을 찾아볼까?

"잡히기 싫어!"

붉은점모시나비는 *세계자연보전연맹(IUCN)의 적색 목록집과 *사이테스에 등재되어 거래가 불가능하지만, 아름다운 모습을 가져서 불법 밀거래가 자주 일어난대요.

불법 밀거래로 위험에 처한 붉은점모시나비

하지만 개체 수가 줄어드는 가장 큰 이유는 고속도로 건설 등으로 인한 서식지 파괴예요.

붉은점모시나비가 계속 살아갈 수 있도록 서식지 보호를 위해 많은 노력이 이루어졌으면 합니다.

관심과 노력으로 지켜야하는 소중한 생명들의 서식지

*세계자연보전연맹(IUCN): 멸종위기 생물에 대한 적색 목록집을 기록함.
*사이테스(CITES): 멸종위기 생물의 거래를 규제하는 약속.

이번에는 강원도의 깊은 오지에 왔어요. 이곳에 굉장히 희귀하고 아름다운 나비가 살고 있대요.

어떤 생물을 만날 수 있을까?

큰산개구리가 있네요.

지금이 큰산개구리들이 *동면에서 깨어나 본격적으로 산란할 시기죠.

개굴 개굴 개굴

큰산개구리

곳곳에 포도송이 같은 알이 무척 많고, 울음소리가 엄청나게 커요. 천 마리 이상 살고 있는 것 같아요.

개구리 알

*동면: 동물이 잠을 자며 추운 겨울을 보내는 일. 겨울잠.

멋 짐

마음껏 감상하라구!

날개 무늬가 예술가의 작품만큼 아름다워요.

공작나비는 나비목 네발나비과에 속해요. 공작나비 성충은 연 2회 발생하며 6~7월과 8~9월에 나타나요. 앞날개의 길이는 24~31mm이고, 빠르게 날며 길가의 꽃이나 땅에 잘 앉아 있어요.

날개 윗면은 화려하지만 아랫면은 어둡고 칙칙해요.

그래서 날개를 접고 있을 때는 발견하기가 쉽지 않죠. 날개를 파닥일 때 색깔이 대비되면서 더 강렬한 느낌을 주는 신기한 나비입니다.

날개 펼쳤다!

날개 접었다!

엄청난 위장술을 가진 공작나비!

홉, 쐐기풀이 공작나비의 대표적인 *기주 식물이에요. 공작나비는 쐐기풀에 산란하고, 태어난 애벌레는 쐐기풀을 먹고 성장합니다.

그리고 성충이 되면 꽃을 섭취하고, 번식도 하죠.

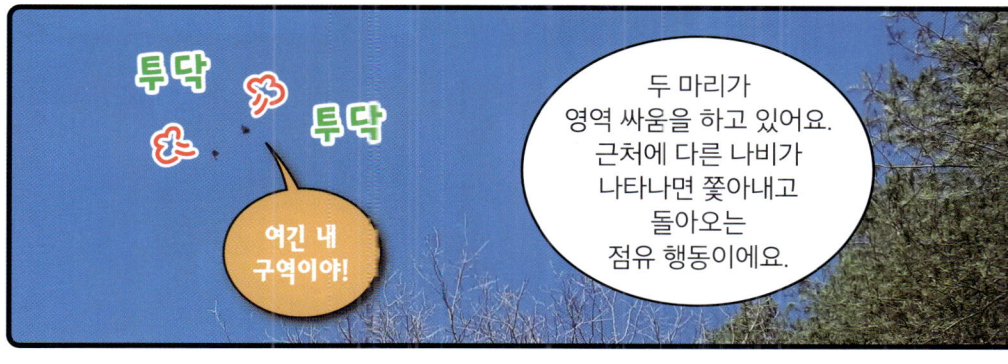

투닥 투닥

여긴 내 구역이야!

두 마리가 영역 싸움을 하고 있어요. 근처에 다른 나비가 나타나면 쫓아내고 돌아오는 점유 행동이에요.

생태 탐사 일지

대상: 붉은점모시나비, 공작나비

 탐사 내용

1. 붉은점모시나비는 암반 지대에 서식하며, 붉은 점이 매력적이다.
2. 공작나비의 날개 윗면은 화려하고 눈 모양의 둥근 무늬가 있다.

 느낀 점

아름다운 무늬의 나비들을 관찰했다.

나비도 종마다 다양한 생태를 가지고 있다는 것을 알게 되었다.

*기주: 다른 생물에게 영양분을 주는 생물.

오키나와의 특이한 숲속 생물

생태보고서 03

파충류 갑각류 어류

TV생물도감 탐사 영상

대상: 푸르푸르소라게, 야자집게, 앤더슨뉴트

코코넛을 좋아하는 독특한 집게!

살아 있는 화석이라 불리는 생물!

일본 오키나와에 사는 희귀한 생물을 만나러 왔어요.

오늘 관찰할 생물이 *야행성이라 야간 탐사를 해 볼게요.

과연 코코넛크랩을 만날 수 있을까?

32 *야행성: 주로 어두운 밤에 활동하는 생물.

→ **푸르푸르소라게**

발색이 무척 예쁜 푸르푸르소라게를 만났어요!

마침 색깔이 푸른색이라 이름이 너무 잘 어울리죠. 푸르푸르소라게는 오키나와의 천연기념물이라서 만지거나 채집할 수 없고 눈으로만 봐야 해요.

기분 좋은 밤이야!

푸르푸르소라게의 학명은 *Coenobita purpureus*로, 오키나와에 서식하는 육지 소라게예요. 개체마다 발색이 다르지만 일반적으로 선명한 푸른색을 띠어요. 몸길이는 7~10cm 정도예요.

오키나와에 다양한 육지게가 사는데 이 친구는 그레이크랩이에요. 보랏빛이 너무 예뻐요.

↓ **그레이크랩**

내려놔!

우아, 오키나와의 천연기념물인 케이브게코예요! 정말 귀엽네요.

날 만나다니, 운이 좋군!

케이브게코

오늘의 목표 생물, 야자집게를 만났어요!

넌 뭐야? 저리 가!

야자집게

영문명인 코코넛크랩으로 알려져 있어요. 코코넛을 아주 좋아해서 이름에 코코넛이 붙었어요. 야단이나 코코넛 열매가 있으면 코코넛크랩이 서식할 확률이 높아요.

야단

코코넛

34

이번에는 오키나와 얀바루국립공원 탐사를 나왔어요. 전 세계에 오직 이곳에만 서식하는 천연기념물이 있대요.

어떤 친구들을 만나게 될까?

공격 자세를 취하고 있는 거대한 구렁이를 발견했어요. 아카마타라는 종이에요.

캬악

아카마타

뭘 봐?

우리나라 구렁이랑 비슷하게 생겼는데, 최대 2m까지 성장해요.

독은 없는데 사나워요.

멸종위기 동물이자 보호종이라 만지지 않고 눈으로 관찰만 할게요.

사냥 중이니까 저리 가!

피부가 오돌토돌해서 두꺼비 피부 같아요.

내 피부가 더 매끈해!

은신처

앤더슨뉴트는 육지 생활을 합니다.

주로 은신처 주변에 웅크리고 있다가, 작은 곤충을 잡아먹어요.

이제 집에 가야지.

사냥이 끝났는지, 순식간에 은식처를 찾아 가네요.

귀한 생물을 볼 수 있었던 행복한 시간이었어요.

내가 집 하나는 끝내주게 잘 찾지

생태 탐사 일지

대상: 푸르푸르소라게, 야자집게, 앤더슨뉴트

탐사 내용
1. 푸르푸르소라게, 야자집게는 선명한 파란색을 띠고 있다.
2. 앤더슨뉴트는 육상 생활을 하며, 굴속에 산다.

느낀 점
오키나와의 신비한 생물들을 관찰했다.
멸종위기 생물은 보호를 위해 손으로 만지지 않고 관찰해야 한다.

생태보고서 04

갑각류 · 어류 · 곤충

산속 계곡에 사는 특별한 가재

TV생물도감의 탐사 영상

대상: 가재

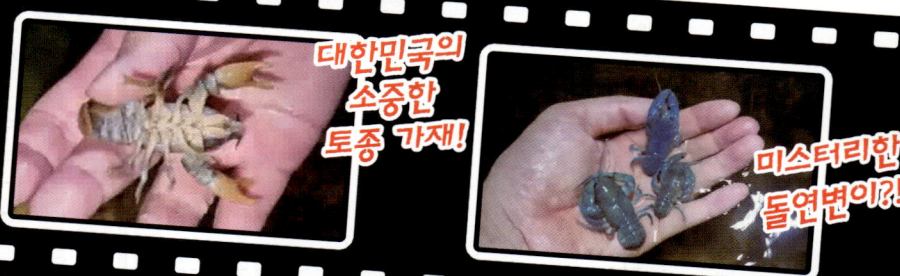

대한민국의 소중한 토종 가재!

미스터리한 돌연변이?!

오늘은 산속 깊은 골짜기에 왔어요. 오자마자 가재가 반겨 주네요.

냠 냠 → 도토리

↓ 가재

열심히 도토리를 먹고 있어요. 가재는 육식성을 강하게 띠지만, 낙엽이나 도토리 같은 열매도 먹는 잡식성입니다.

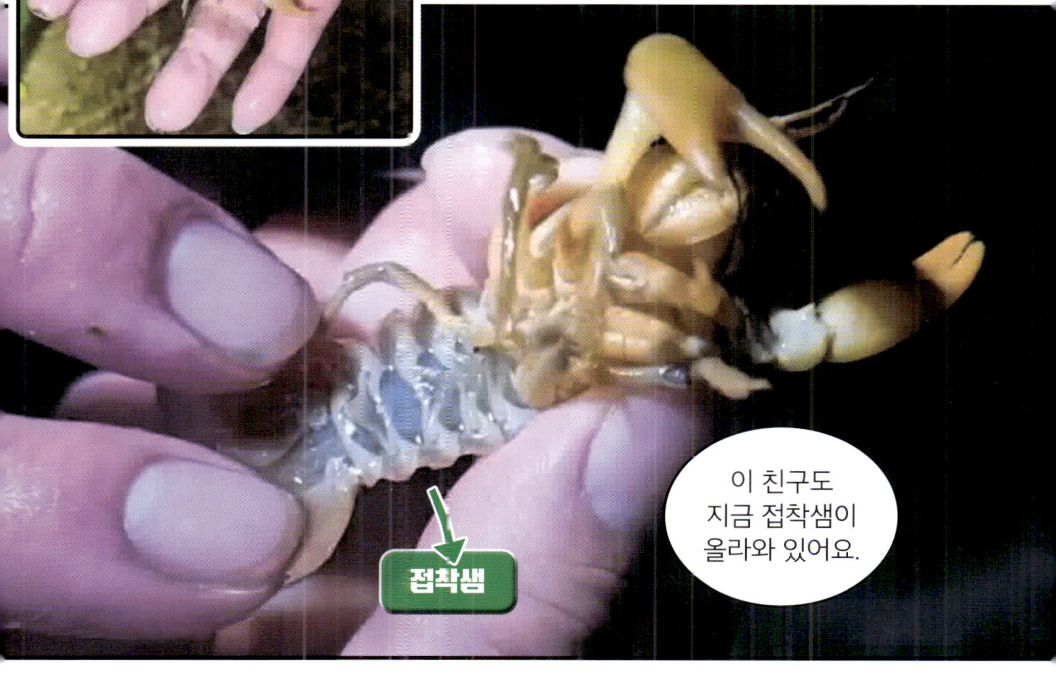

우아! 푸른색을 띠는 치가재예요! 이 개체를 보면 푸른색이 유전되는 가능성이 있을 것 같아요.

앙증 ♥♥

안녕?

파란 가재 성체를 발견했어요! 어두운 밤에도 굉장히 눈에 잘 띄어요.

눈에 확 들어오지?

일반 가재와 비교해 볼게요. 정말 독보적인 색깔이죠?

파란 가재 　　　가재

우아, 여기 파란 가재가 세 마리나 있어요! 일반 가재는 보호색 때문에 잘 안 보이는데, 파란 가재는 아주 잘 보입니다.

이렇게 눈에 띄면 야생에서 천적에게 발견되기 쉬워 생존율이 떨어지죠.

짜 안

들켰다!

너도 잡혔어?

희귀한 파란 가재를 이렇게 많이 보다니 특별한 경험이네요.

모여 있지 말랬잖아!

대한민국의 토종 가재는 주로 산속 계곡에 서식하며, 낮에는 돌 밑이나 구멍에 숨어 있고 밤에 활동해요. 크기는 약 5cm이고 일반적으로 적갈색이지만, 아주 적은 확률로 푸른색을 띠는 돌연변이 개체가 있어요.

외래종이라는 오해도 받지만 엄연한 토종 가재입니다. 보면 볼수록 정말 멋지고 신기합니다.

두둥

가재 중에 내가 최고야!

생태 탐사 일지

대상: 가재

1. 가재는 100만분의 1의 확률로 돌연변이 파란 가재가 태어난다.
2. 파란 가재는 매우 쉽게 눈에 띄어 천적을 피하기 어렵다.

적갈색의 가재 사이에서 밝은 파란색을 뽐내는 돌연변이 가재를 보니 신기했다.

생도의 탐구노트

오늘의 주제: 화려한 색의 비밀

자연에서 만나는 생물들은 화려한 색을 가진 친구들이 많아요. 주홍거미는 선명한 주홍색 등을 가졌고, 한국꼬마잠자리는 새빨간 몸을 자랑하죠. 이들은 왜 화려한 색을 갖게 되었을까요?

보호색?!

주변 환경과 비슷한 색을 띠어 몸을 숨기는 전략이에요. 문어, 카멜레온은 주변에 맞춰 몸의 색깔을 바꿔요.

문어 *Enteroctopus dofleini*

카멜레온 *Chamaeleonidae*

경고색?!

강한 독이 있다고 경고해서 포식자를 피하는 전략이에요.

독화살개구리 *Dendrobates spp.*

의태?!

강한 생물이나 자연물처럼 보이게 해서 몸을 숨겨요. 부엉이나비의 날개 무늬는 부엉이의 눈을 닮았어요.

부엉이나비 *Caligo teucer*

생도가 발견한
희귀한 생물!

TV생물도감

한국꼬마잠자리
Nannophya koreana

공작나비
Aglais io

푸르푸르소라게
Coenobita purpureus

가재
Cambaroides similis

탐사네컷

비밀이 밝혀진 전설의 하늘소

생태보고서 05
곤충 어류 파충류
TV생물도감의 탐사 영상
대상: 루리하늘소, 영양사슴하늘소

보석처럼 영롱한 하늘소!

하늘소일까, 거저리일까?!

오늘은 강원도 깊은 계곡 산골짜기에 왔어요.

깊은 산골짜기, 어떤 생물이 살고 있을까~?

오늘 찾고 싶은 루리하늘소는 주로 *고사목에 모여 있어요. 신기하게도 쓰러진 나무에는 잘 안와요.

고사목

오! 마침 루리하늘소가 날아와 옷에 붙었어요!

잘못 착지했다!

이 친구가 루리하늘소입니다. 북한말 류리(유리) 또는 일본어 루리(보석)에서 이름을 따온 것으로 추측해요.

보석 같은 색깔이 정말 아름다워요.

우리가 좀 특별해!

루리하늘소

루리하늘소의 몸길이는 약 16~32mm이고, 6월 중순~8월 초순에 활동해요.
죽은 물푸레나무나 가래나무, 들메나무, 산겨릅나무 등의 가지에 모이는 습성이 있어요.
IUCN(세계자연보전연맹)의 적색 목록에 위기 등급으로 지정되었어요.

*고사목: 서 있는 상태에서 죽은 나무

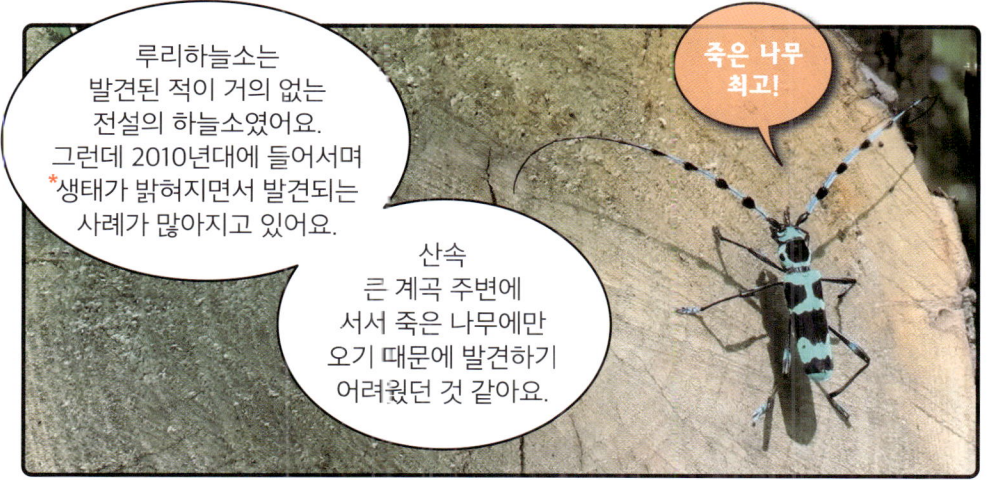

*생태: 생물이 자연에서 어떻게 살고 있는지에 대한 모습.

잘 안 보이지?

루리하늘소가 나무에 있으면 잘 안 보여요.

물푸레나무는 얼룩 무늬와 이끼가 있어 루리하늘소의 하늘색과 검은 반점은 나름의 보호색이라고 추측됩니다.

나무에 있으니 잘 보이지 않는 루리하늘소

산란관

하늘소는 짝짓기할 때 수컷이 등에 업힌 채로 이동해요. 암컷 꽁무니에 있는 산란관으로 나무틈에 알을 낳아요.

예전에는 찾기 어려웠던 루리하늘소가 생태가 알려지면서 쉽게 관찰되는 걸 보면, 자연은 아는 만큼 보인다는 게 실감이 나요.

개미

개미보다 작은 하늘소예요!

개미보다 작은 나를 어떻게 찾았지?!

검은콩알하늘소예요. 우리나라에는 장수하늘소처럼 10cm가 넘는 하늘소도 있지만, 2~3mm인 하늘소도 있어요.

검은콩알하늘소

또다른 소형 하늘소 큰남색하늘소예요. 가슴판은 선명한 주황색을 띠고, 등판은 광택이 나는 남색이에요.

큰남색하늘소

왼쪽이 사슴벌레, 오른쪽이 톱사슴벌레예요.

물려볼래?!

사슴벌레도 사납지만, 톱사슴벌레가 더 사나워요.

사슴벌레

톱사슴벌레

뽕나무하늘소

이 친구는 뽕나무하늘소라는 하늘소입니다.

뽕나무나 사과나무, 버드나무 등을 좋아해요.

뽕나무 찾으러 가야 해!

선글라스를 낀 것 같은 눈이 굉장히 매력적이에요.

왕사슴벌레가 놀러왔어요. 왕사슴벌레 암컷은 몸에 세로 줄무늬가 있어요.

반가워!

수컷

← 왕사슴벌레

사슴벌레 가운데 인기가 굉장히 많은 종이지만 야생에서는 찾기 어려워요. 오늘은 나타나 주었네요!

장수풍뎅이예요. 역시 멋있어요.

나 멋있지?

← 장수풍뎅이

늠름

내치
이 개체는 수컷이에요. 수컷은 암컷에 비해 턱이 크고, 내치가 발달해서 우락부락한 느낌이 나요.
6cm 정도로 큰 종이라서 우리나라 천연기념물인 장수하늘소로 오해받기도 해요.

좀 더 더웠으면~!

이 친구들은 열대, 아열대성 곤충인데, 우리나라에 이 친구가 산다니 신기한 일이죠.

생태 보고서 06

곤충 · 파충류 · 갑각류

보르네오섬의 화려한 곤충

대상: 매미, 꽃무지, 물소뿔풍뎅이

TV생물도감의 탐사 영상

새로 착각할만큼 큰 매미?!

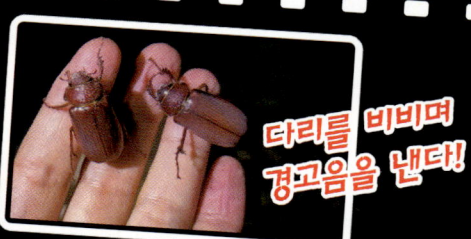

다리를 비비며 경고음을 낸다!

이곳은 말레이시아 보르네오섬입니다. 세계에서 세 번째로 큰 섬이래요.

이곳엔 어떤 생물이 살고 있을까?

눈을 뗄 수 없이 예쁘네요. 꽁무니에 노란 촉수 같은 게 나오는데, 왕나비루는 이것으로 페로몬을 내뿜어서 이성을 유혹합니다.

내 촉수 예쁘지?

Euploea mulciber

각도에 따라서 날개 색이 다르게 보이는데 정말 예쁘네요.

번개오색나비의 날개도 이런 특징을 가지고 있죠.

내가 더 예뻐!

번개오색나비

안녕?

굉장히 화려한 꽃무지를 발견했어요. 강한 광택과 선명한 녹색빛이 매력적입니다.

아직 국명은 없고, 학명 *spathulifera*는 주걱이라는 뜻이에요. 뒷다리에 있는 가시가 주걱 모양을 닮아서 그런 이름이 붙었어요.

spathulifera

뒷다리

소머리멋쟁이사슴벌레를 발견했어요. 소형이고 단치(턱이 짧은 종)예요.

내 등갑이 짱이야!

등갑이 밝은 갈색을 띠어서 우리나라에 서식하는 사슴벌레와는 다른 매력이 있네요.

소머리멋쟁이사슴벌레

등갑

뉘엿
뉘엿

붉게 물들어가는 보르네오섬

보르네오섬의 한 공터를 찾았습니다. 등화 장비를 설치해서 어떤 생물들이 날아오는지 관찰해 볼게요.

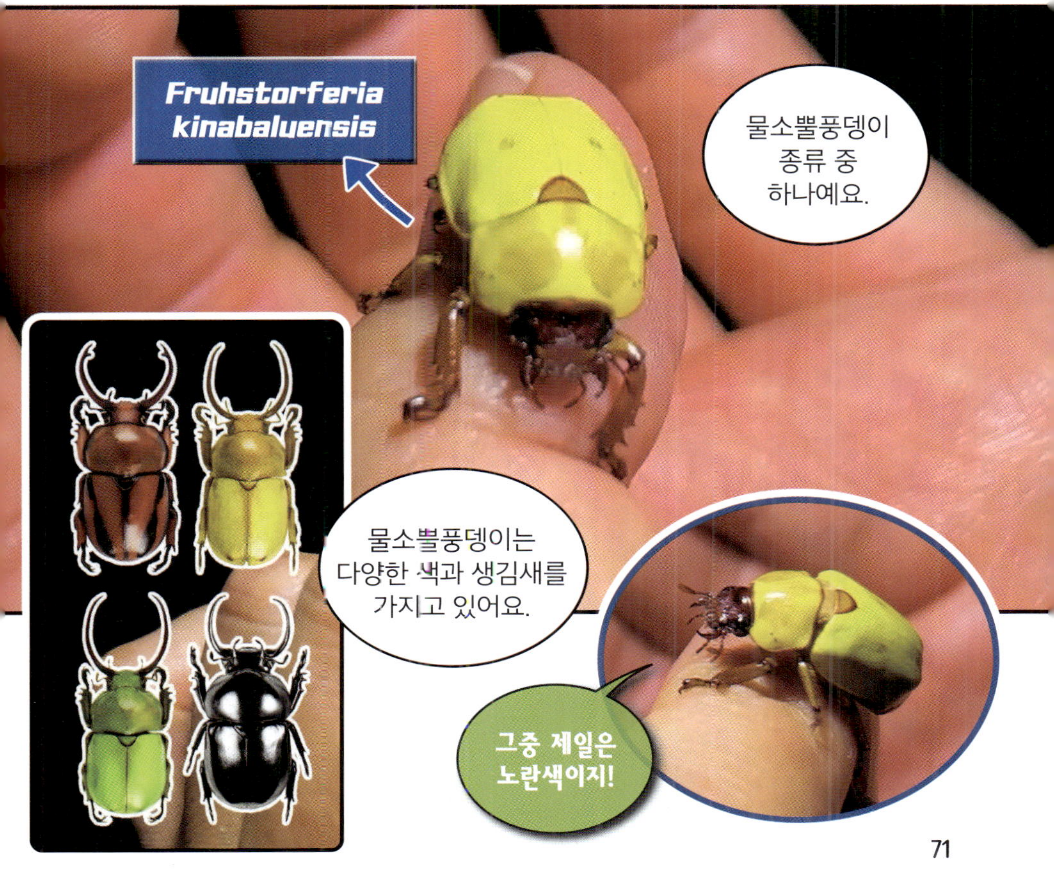

Fruhstorferia kinabaluensis

물소뿔풍뎅이 종류 중 하나예요.

물소뿔풍뎅이는 다양한 색과 생김새를 가지고 있어요.

그중 제일은 노란색이지!

71

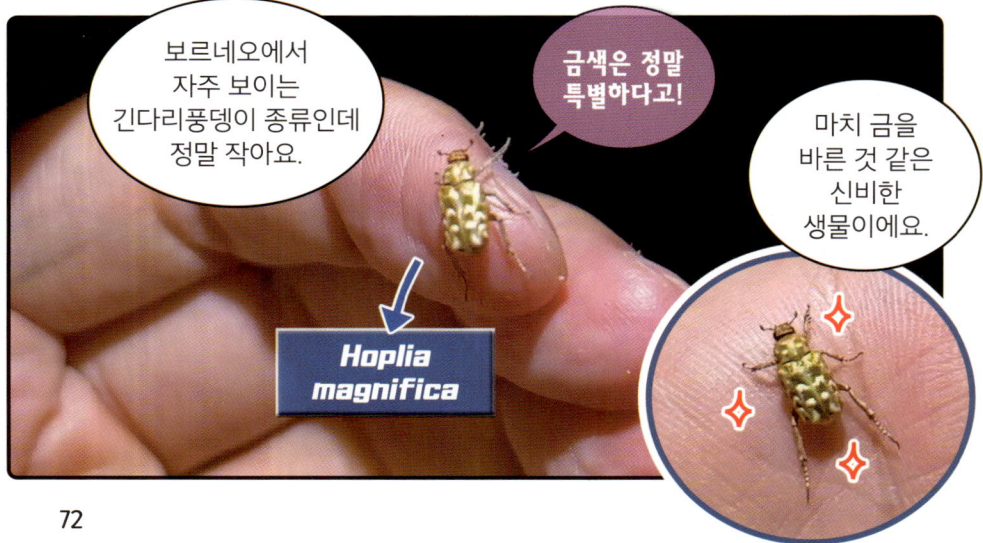

낮에 만났던 소머리멋쟁이사슴벌레인데, 이 개체는 암컷이에요.

밤 산책은 언제나 즐거워!

딱지날개에 무늬도 있고 화려한 색이라서 멋있습니다.

기데온장수풍뎅이 암컷이에요. 동남아시아 일대에 서식하지 않는 나라가 없을 정도로 광범위하게 서식해요.

동남아는 우리가 꽉 잡고 있지!

기데온장수풍뎅이

수컷도 정말 멋지게 생겼어요.

*흉각이 길게 발달되어 있어서 마치 헤라클레스장수풍뎅이를 보는 듯한 느낌입니다.

수컷

76　*흉각: 장수풍뎅이의 가슴쪽에 난 큰 뿔.

삼엽충딱정벌레예요. 일반 반딧불이랑은 생김새가 다르고 이름 그대로 삼엽충을 닮은 모습이죠.

만졌을 때 경고 물질을 내뿜어서 맨손으로 만지면 안 좋다고 하네요.

삼엽충딱정벌레

여러 생물을 만날 수 있는 즐거운 시간이었어요!

다양하게 놀러온 생물들

생태 탐사 일지

대상: 매미, 꽃무지, 물소뿔풍뎅이

탐사 내용

1. 보르네오섬의 매미와 나비 등 다양한 생물을 관찰했다.
2. 밤에는 등화를 설치하고 여러 풍뎅이 종을 자세히 볼 수 있었다.

느낀 점

보르네오섬에 우리나라에 살지 않는 신기한 곤충들이 많았다.
많은 나라에 가서 사로운 곤충을 관찰하고 싶다.

생태보고서 07

곤충　파충류　갑각류

멸종위기에 처한 소중한 사슴벌레

TV생물도감의 탐사 영상

대상: 두점박이사슴벌레, 애기뿔소똥구리

제주도에서만 볼 수 있는 생물!

위험에 처한 사슴벌레를 구하라!

다양한 생명이 살아 숨 쉬는 제주도예요! 제주 하면 가장 먼저 바다가 떠오르지만, 오늘은 잠시 시선을 돌려 제주의 아름다운 숲으로 떠나 볼게요.

아름다운 제주도 숲에는 어떤 생물이 살고 있을까?

곤충을 만나기 위한 트랩을 만들어 볼게요!

바나나를 나무에 직접 발라도 되지만, 스타킹에 넣어서 설치하면 굉장히 효과가 좋아요.

이렇게 걸어두면 바나나가 햇빛에 마르지 않아서 촉촉하게 유지되고, 곤충들이 발톱을 걸어 붙어 있기도 좋아요. 또한 나무에 묶거나 수거할 때도 간편하죠.

지금 하늘에 날아다니는 풍이가 보여요..

벌써 냄새를 맡고 온 걸까요?

과연 바나나 트랩에 누가 놀러올까요?

야간에 다시 왔어요. 야행성이라 낮보다 훨씬 많은 친구들이 모여 있네요.

많이 먹고 알도 많이 낳아야지!

낮에 바나나를 발라 둔 곳에도 야행성 곤충인 장수풍뎅이들이 모여 있습니다. 진짜 멋있죠?

가로등 불빛에 모여든 생물들

바글 바글

어두운 밤길을 밝혀 주는 가로등은 야행성 생물에게 치명적입니다.

곤충들이 조명에 이끌려 가로등 주변을 맴돌고, 한번 이끌린 곤충은 가로등이 꺼질 때까지 대부분 돌아가지 못해요.

지금 낮이야, 밤이야?

어리둥절

아침이 되면 곤충들은 길을 잃고 주변에 숨어 있다가 밤이 되면 가로등에 다시 모이는 악순환을 이어갑니다. 이로 인해 많은 곤충이 가로등 근처에서 위험에 처해요.

이 장수풍뎅이 암컷 역시 가로등 불빛에 홀려 차도를 헤매고 있습니다.

안절부절

집으로 돌아가고 싶어!

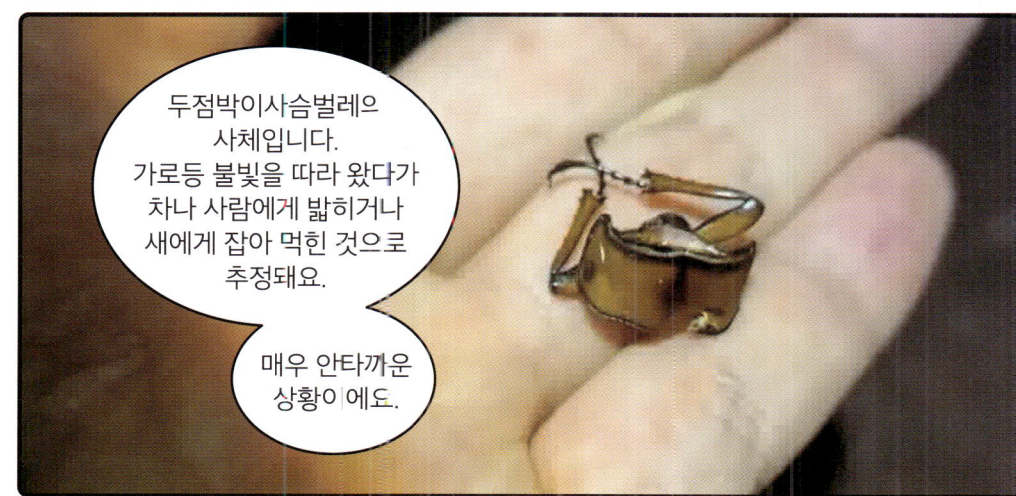

생태 탐사 일지

대상: 두점박이사슴벌레, 애기뿔소똥구리

 탐사 내용
1. 두점박이사슴벌레의 커다란 뿔과 황갈색의 몸체가 멋지다.
2. 가로등 근처에서 작고 동그란 애기뿔소똥구리를 발견했다.

 느낀 점
멸종위기종인 두점박이사슴벌레와 애기뿔소똥구리가 도로에 모여 위기에 처한 모습을 보니 마음이 아프다.

생도의 탐구노트

오늘의 주제: 딱정벌레목 삼총사

숲속에는 힘세고 멋진 곤충들이 살아요. 대표적으로 하늘소, 장수풍뎅이, 사슴벌레가 있지요. 딱정벌레목에 속하는 이 친구들은 비슷해 보이지만 생김새와 생태가 모두 달라요.

하늘소

하늘소는 몸보다 긴 더듬이가 특징이에요. 이 더듬이로 주변을 느끼고 소통해요.

알락하늘소
Anoplophora malasiaca

풍뎅이

풍뎅이는 몸이 딱딱하고 동그란 모양이에요. 큰 뿔이 달린 친구도 있어요.

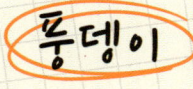

풍뎅이
Mimela splendens

장수풍뎅이
Allomyrina dichotoma

사슴벌레

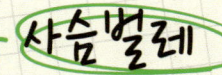

사슴벌레는 몸이 납작하고 단단해요. 수컷은 사슴처럼 생긴 큰 턱이 있어요.

넓적사슴벌레 *Dorcus titanus castanicolor*

생도가 찍은 생생한 사진!

TV생물도감

뽕나무하늘소
Apriona germari

물소뿔풍뎅이
Kibakoganea kawaii

톱사슴벌레(왼쪽)
Prosopocoilus inclinatus
사슴벌레(오른쪽)
Lucanus maculifemoratus

두점박이사슴벌레
Prosopocoilus astacoides blanchardi

탐사네컷

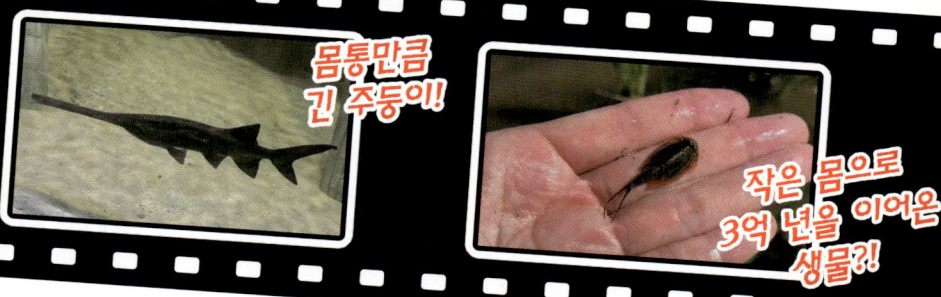

오늘 만나볼 생물은 아메리카주걱철갑상어요. 아메리카패들피쉬 라고도 불러요. 공룡이 살던 백악기 후기부터 살던 물고기고, 그때의 모습을 유지하고 있어서 원시 물고기라고 해요.

미국 미시시피 게 서식하는 종인데, 유속이 느리고 물양이 많은 곳을 선호하는 것 같아요.

아메리카주걱철갑상어

나를 찾아왔어?

아메리카주걱철갑상어는 평균 몸길이가 1.5m이고, 30년 이상도 산다고 해요.

예전에는 중국에서도 발견되었는데, 중국에서는 *절멸된 상태래요.

*절멸: 멸종. 특정 동식물이 없어짐.

아가미 덮개가 마치 날개처럼 되어 있네요.

→ 아가미

아메리카주걱철갑상어는 이 아가미를 통해 동물성, 식물성 플랑크톤을 걸러서 *여과 섭식을 합니다.

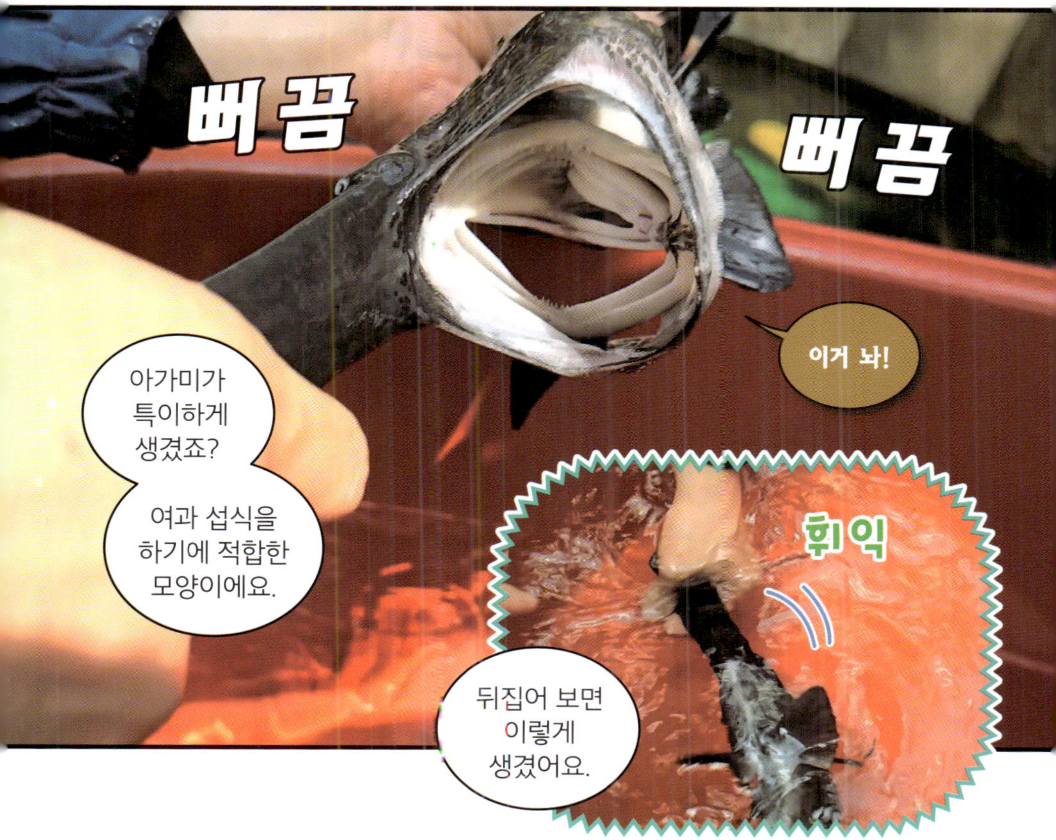

뻐끔 뻐끔

아가미가 특이하게 생겼죠?

여과 섭식을 하기에 적합한 모양이에요.

이거 놔!

휘익

뒤집어 보면 이렇게 생겼어요.

*여과 섭식: 물을 들이마시면서 플랑크톤 등 작은 먹이를 걸러서 먹는 방식.

오늘은 충청도의 시골 마을 논에 왔어요. 이곳에 살아 있는 화석이라고 불리는 생물이 있대요.

논에 물고기나 물벼룩이 사는 걸 보니 건강한 생태계를 이루고 있는 곳 같아요.

물벼룩

살아 있는 화석, 긴꼬리투구새우입니다. 성체가 많네요.

긴꼬리투구새우는 독특하게 물구나무를 서거나 뒤집어진 채로 수면에 떠 있는 먹이를 먹어요.

냠 냠
둥실 둥실

먹는 모습이 특이하지?

*투구를 입은듯한 모습과 길쭉한 꼬리가 있어서 긴꼬리투구새우라는 이름이 붙었어요.

이 개체는 준성체고, 탈피를 몇 번 더 하면 더 커질 거예요. 이름에 새우가 들어가지만, 새우와는 관련이 없는 종이랍니다.

긴꼬리투구새우

긴꼬리투구새우는 3억 년 전부터 형태의 변화가 거의 없어서 살아 있는 화석이라고 불러요.

긴꼬리투구새우는 고생대부터 살아온 우리나라 토종 생물이에요. 3억 년 전의 모습을 그대로 유지하고 있대요. 멸종위기 야생동물 Ⅱ급으로 지정되었다가, 개체 수가 증가해서 보호종에서 해제되었어요.

*투구: 머리를 보호하는 장비.

103

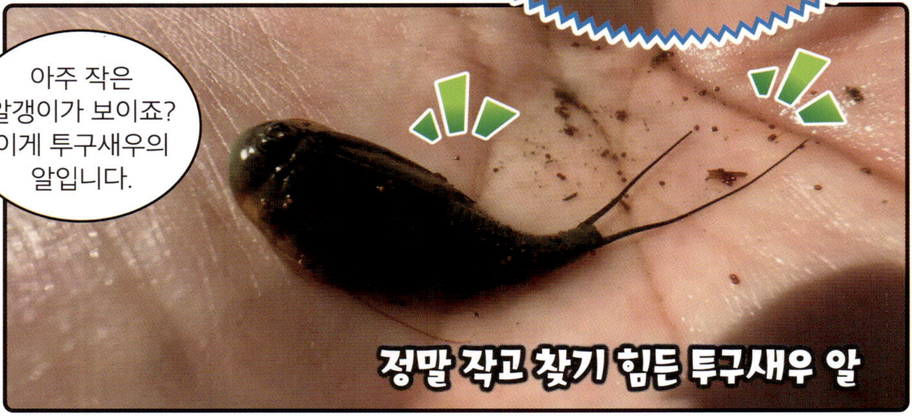

투구새우는 다리가 무척 많아요. 가슴에 11쌍, 배에 18~19쌍이 있는데, 이 다리로 진흙을 휘저어 먹이를 찾아 섭취해요.

다리 엄청 많지!

한가득

과거에 농약 사용으로 개체 수가 많이 줄었다가, 친환경 농법이 유행하면서 개체 수가 다시 늘었어요.

긴꼬리투구새우는 환경이 안 좋을 때는 땅속에서 알 상태를 유지하다가, 살기 좋은 환경이 되었을 때 알에서 부화한대요. 이런 엄청난 방법으로 3억 년 동안 멸종하지 않고 살아남았습니다.

번식력뿐 아니라 생존력도 어마어마하지?

신기함 주의! 다양한 바다 생물

생태보고서 09

어류 곤충 파충류

TV생물도감의 탐사 영상

대상: 가시고슴도치갯지렁이, 해마 등

고슴도치를 닮은 바다 생물이 있다?!

말을 닮은 바다 생물은 누구?!

오늘은 강원도 속초에 있는 한 항구에 왔어요. 이곳에서 심해 생물을 관찰해 볼게요.

어떤 심해 생물을 만날까?

*조업: 배를 타고 바다에 나가 물고기 등을 잡는 일.

외계생명체가 떠오르는 구조예요.

밧줄 같기도 하네요. 여러 마리 모아서 보니 더 신기해요.

빗살판불가사리

빗살판불가사리는 수심 100~400m에 서식하는 심해성 불가사리예요. 거미불가사리와 함께 심해 *최우점종으로, 심해 생태계를 유지하는 데 중요한 역할을 합니다.

가시 같은 돌기가 뾰족하게 나 있어요.

반가워!

*최우점종: 어떤 환경에서 가장 많은 수를 차지하는 종.

111

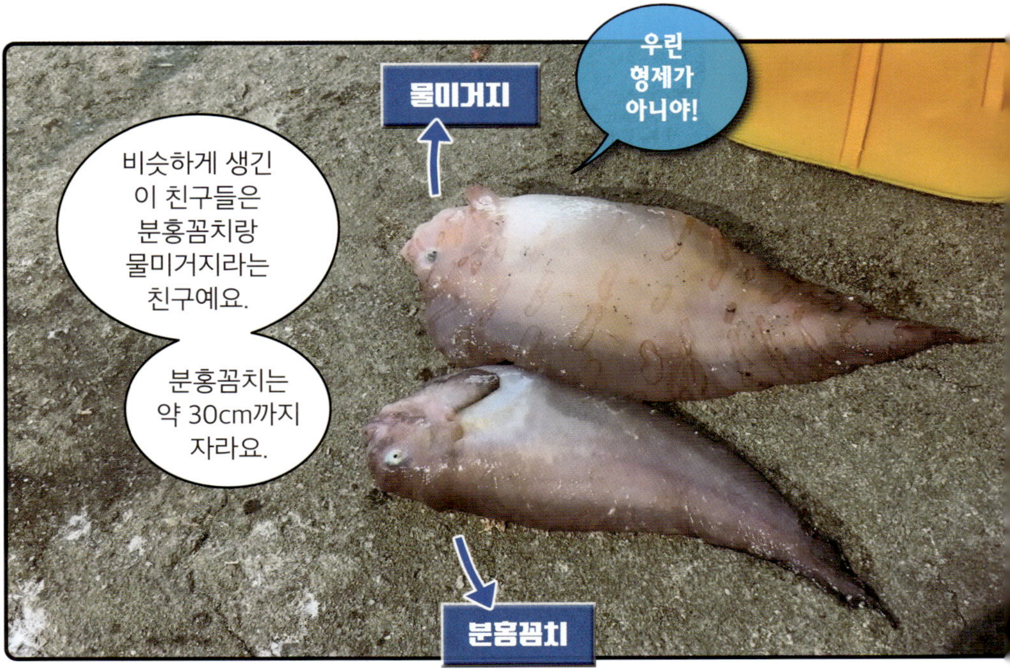

↑
물미거지

우린 형제가 아니야!

비슷하게 생긴 이 친구들은 분홍꼼치랑 물미거지라는 친구예요.

분홍꼼치는 약 30cm까지 자라요.

↓
분홍꼼치

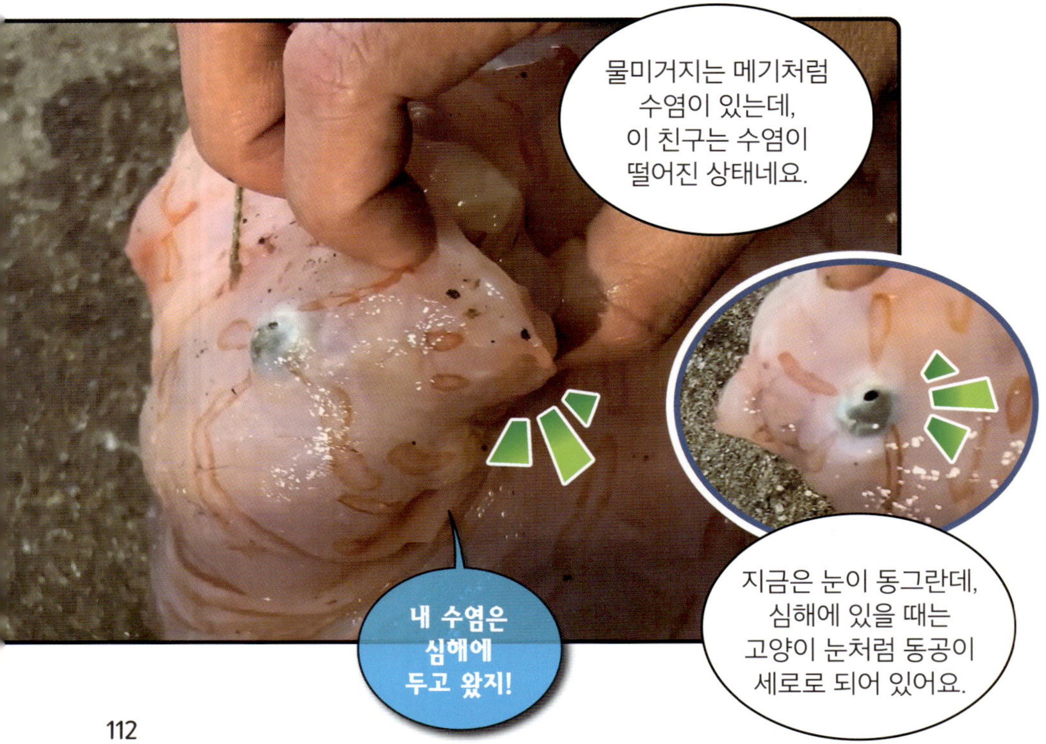

물미거지는 메기처럼 수염이 있는데, 이 친구는 수염이 떨어진 상태네요.

내 수염은 심해에 두고 왔지!

지금은 눈이 동그란데, 심해에 있을 때는 고양이 눈처럼 동공이 세로로 되어 있어요.

이 친구는 긴코줄고기라고 하는데, 코 앞쪽이 길어서 긴코라는 이름이 붙었어요. 갑각류랑 갯지렁이 위주로 섭식해요.

생도다!

긴코줄고기

물에 넣으면 수염이 보여요. 양쪽에 4개씩, 총 8개나 있죠. 꼭 고양이 수염 같아요.

수염

실줄고기예요. 긴코줄고기보다 딱딱하고, 코가 더 짧습니다. 수심 100~200m에 서식해요.

안녕?

실줄고기

수염 다발이 달려 있어요. 줄고기는 수염으로 *동정하는 게 가장 쉬워요.

*동정: 생물의 종을 찾는 일. 113

가시줄고기라는 줄고기예요.
*극조의 두 번째 가시가 가장 길어요.

극조

가시줄고기

세모손참집게

빨간 집게 다리가 특이한 세모손참집게예요.

수심 90m보다 깊은 곳에 살고, 수심 583m에서 관찰된 적도 있는 심해종이에요.

심해에 사는 게 처음 봐?

참집게류는 여과 섭식을 하거나 퇴적물을 주로 먹는데, 세모손참집게는 직접 사냥을 해서 먹는 포식자입니다.

*극조: 지느러미 살이 딱딱하고 날카로운 가시 형태로 된 부분.

116 *패각: 조개나 달팽이처럼 단단한 껍데기.

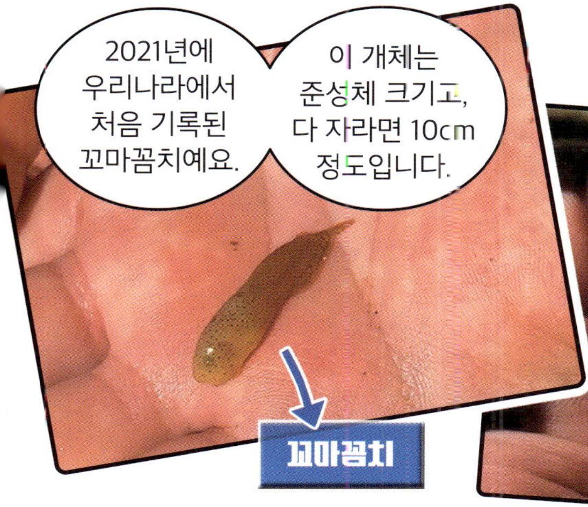

118 *육아낭: 새끼를 품는 주머니.

빨대처럼 긴 입으로 먹이를 흡입해요.

비늘이 없고 피부가 단단하며, 단단한 뼈조직으로 이루어져 있어요. 연안의 해초지대에 숨어서 곤쟁이류를 먹으며 살아가요.

해마는 아주 긴 꼬리가 특징이에요. 꼬리가 길고 유연해서 해초나 산호 등을 감아쥐고 휴식을 취해요.

둥실 둥실

잡을 곳이 필요해!

생태 탐사 일지

대상: 가시고슴도치갯지렁이, 해마 등

탐사 내용
1. 가시고슴도치갯지렁이는 고슴도치처럼 가시가 나 있다.
2. 해마는 빨대처럼 길쭉한 입과 긴 꼬리가 특징이다.

느낀 점
가시고슴도치갯지렁이, 긴코줄고기, 해마 등 신비한 바다 생물을 관찰했다. 바다 생물들의 생태에 대해 더 알고 싶어졌다.

무시무시한 오키나와 바다 생물

생태 보고서 10

어류 파충류 곤충

TV생물도감의 탐사 영상

대상: 좁은띠큰바다뱀, 스톤피쉬

바다에 사는 뱀?!

돌이 아니라 물고기?!

이곳은 일본 오키나와의 미야코지마라는 섬이에요.

아름다운 바다로 유명한 곳이고, 다양한 생물들이 살고 있어요.

이곳에 어떤 친구들이 살고 있을까?

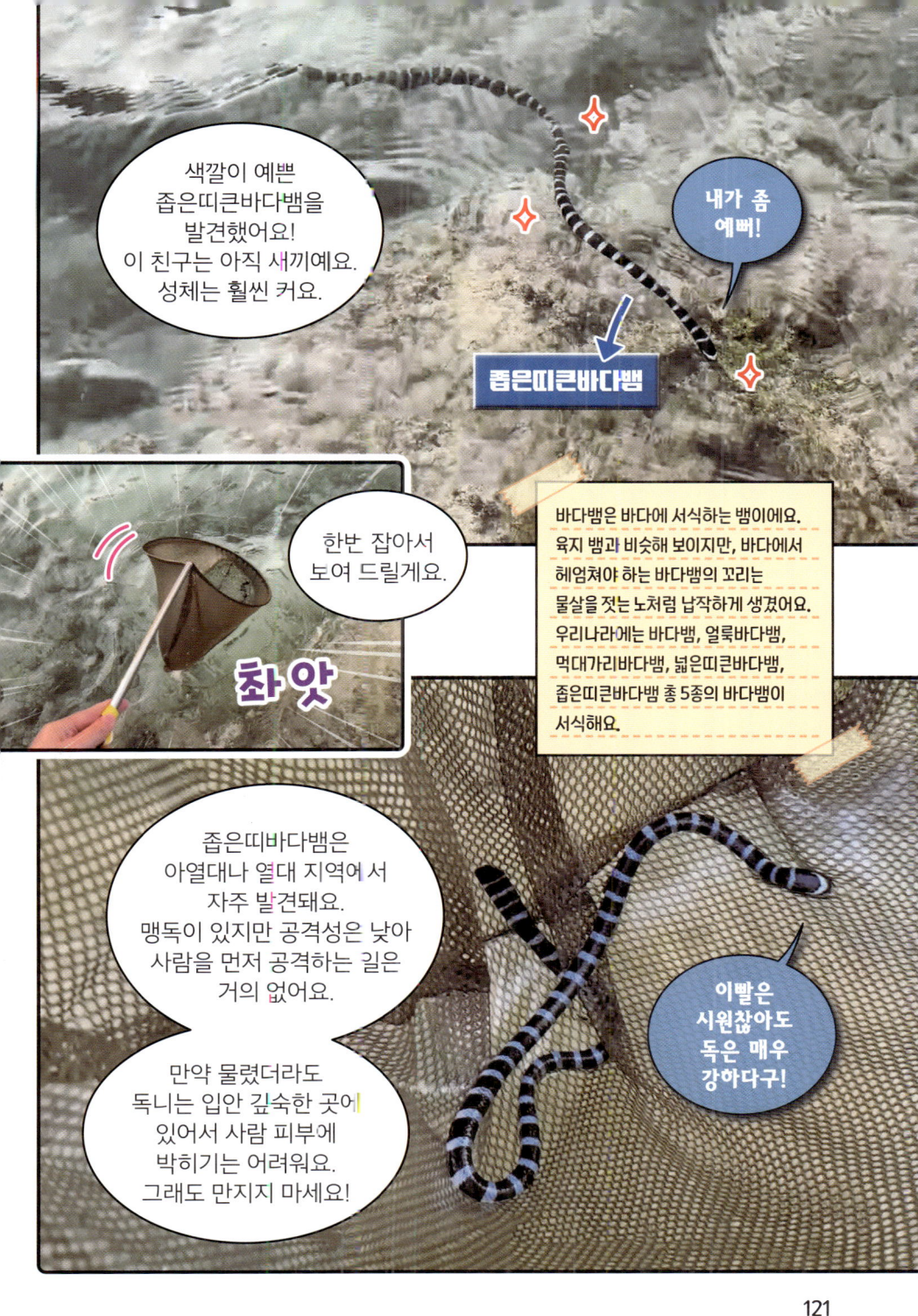

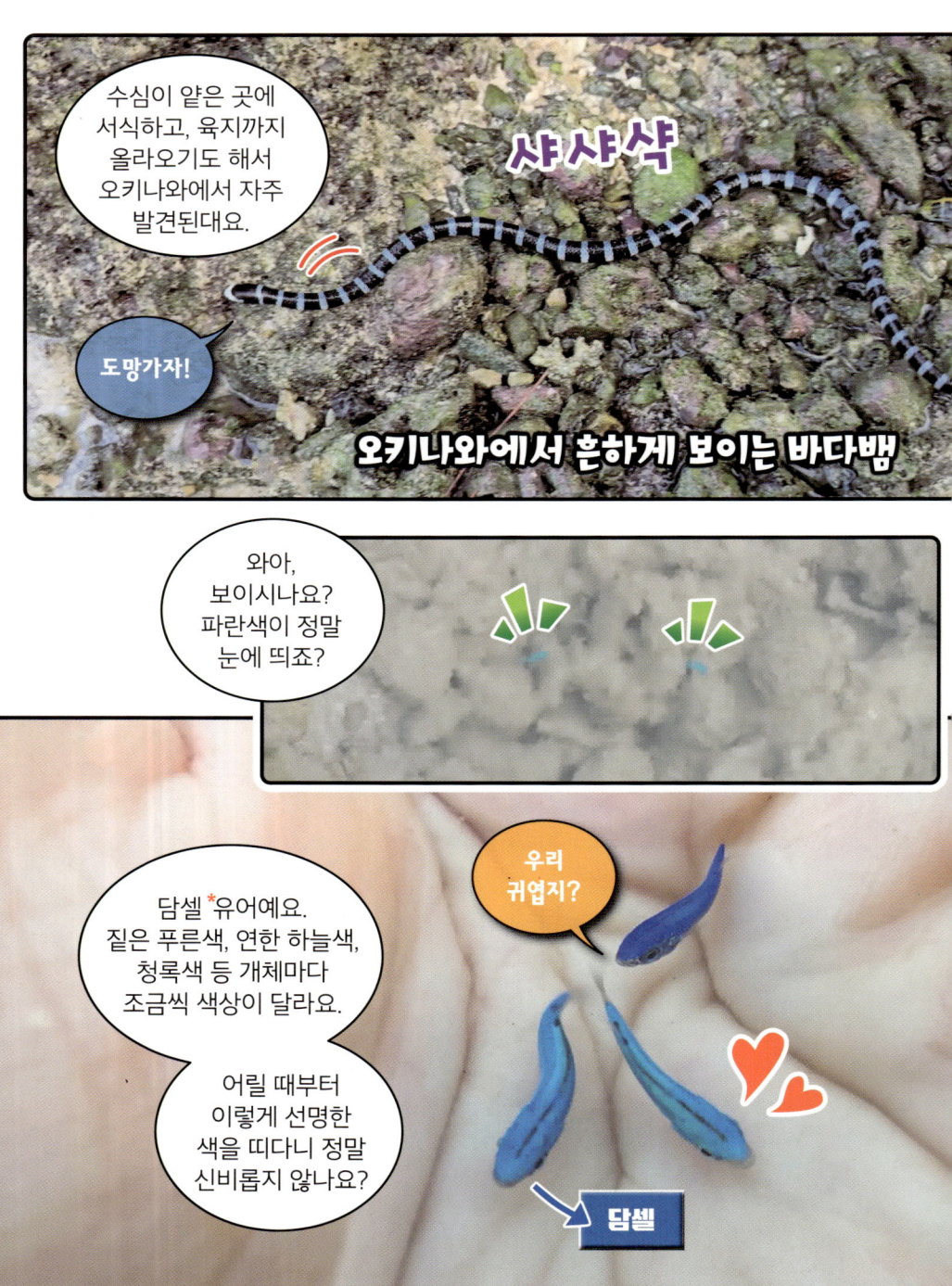

앗!
독을 쐈어요!

좌 악

이 친구는 작은 편이에요. 큰 개체는 사람 얼굴만큼 커요. 특이하게도 손바닥에 올렸는데 파닥거리지 않고 얌전하게 있네요.

공격하면 독 쏘면 됨!

아기 맨티스쉬림프을 발견했어요. 아주 귀여워요.

깜짝

작아도 편치는 쎄다!

이 친구도 혹다섯돌기갯가재인데, 검정색 준성체예요. 곤봉이 크고 멋지네요.

맨티스쉬림프 수컷은 배쪽에 두 개의 가느다란 생식기관이 있습니다.

부끄러워~!

생태 탐사 일지

대상: 좁은띠큰바다뱀, 스톤피쉬

탐사 내용
1. 좁은띠큰바다뱀은 공격성은 없지만 맹독을 갖고 있다.
2. 스톤피쉬는 바위, 산호와 매우 비슷해서 눈에 잘 띄지 않는다.

느낀 점
바다에 놀러가면 바다뱀, 스톤피쉬 같은 맹독 생물을 만지지 않도록 조심해야겠다.

생도의 탐구노트

오늘의 주제: 닮은꼴 바다 생물

넓고 깊은 바다에는 수많은 생물이 살아요. 입이 주걱처럼 긴 주걱철갑상어, 말을 닮은 해마, 돌로 오해받는 스톤피쉬처럼 무언가를 닮은 특별한 바다 생물을 알려 줄게요.

바다에 사는 용?!

용을 닮아서 해룡(바다의 용)이라고 불려요. 해마와도 닮았어요. 나뭇잎해룡은 지느러미들이 움직이는 모습이 해초처럼 보여요.

나뭇잎해룡
Phycodurus eques

바다에 사는 소?!

소를 닮아서 해우(바다소)라는 이름이 붙었어요. 영문명인 '매너티'로 많이 알려져 있어요. 숨을 쉴 때는 물 위로 올라와요.

해우 *Trichechus*

바다의 천사?!

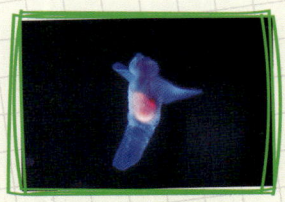

무각거북고둥(클리오네)
Clione limacina

무각거북고둥은 날개 달린 천사로 보여서 바다의 천사라고 불려요. 온몸이 투명해서 장기가 다 보이는 신기한 생물이에요.

생도가 찍은
신기한 바다 생물!

TV생물도감

주걱철갑상어(패들피쉬)
Polyodon spathula

해마
Hippocampus haema

좁은띠큰바다뱀
Laticauda laticaudata

스톤피쉬
Synanceia verrucosa

탐사네컷

생물 배틀 도감 시리즈

생생한 사진으로 만나는 초강력 배틀

160p / 각 권 정가 14,000원

인기 생물 유튜버
TV생물도감의 강력 추천!

1 생생한 사진

2 흥미진진 배틀

3 신기한 생물 탐구

구입 문의: 02-791-0708 서울문화사

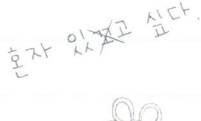

쉿! 뚜식이의 일기를 공개합니다!

원작 뚜식이 | 글 최유성 | 그림 신혜영 | 감수 및 과학 콘텐츠 이슬기(인지과학 박사) | 감수 샌드박스네트워크
183쪽 내외 | 값 각 14,000원

상상 초월! 호기심 폭발! 과학 스토리!

뚜식이와 뚜순이의 솔직하고 엉뚱한 일기를 통해
상상을 초월하는 재미는 물론 흥미진진한
과학 이야기를 만나 보세요.

엉뚱하고 귀여운 뚜식이의 일기 대공개!

전 세계 No.1 게임으로 재미와 공부를 한 번에!
초등학생을 위한 마인크래프트 시리즈!

마인크래 장인조합 지음 | 값 15,000원

- 초등 과학 교과와 연계된 광물과 보석, 암석 소개!
- 통합과학, 지구과학 핵심 개념!
- 게임 장면과 플레이 방법까지!

마인크래 장인조합 지음 | 값 15,000원

- 초등 필수 영단어 500개 이미지 트레이닝 학습!
- 풍부한 사진 자료 수록!
- 품사와 발음기호까지!

마인크래프트 최강 몹 왕을 결정하는 배틀이 지금 시작된다!

- 한시도 눈을 뗄 수 없는 생동감 넘치는 배틀의 현장!
- 마인크래프트 세계 및 캐릭터에 대한 알찬 정보 전달!
- 배틀을 더 재미있게 즐기기 위한 규칙 해설!

마인크래 장인조합 지음 | 박유미 옮김 | 값 15,000원

구입 문의 (02)791-0708

유령시티 SCP 재단

공포 스토리텔링 유튜버의 SCP 재단 이야기!

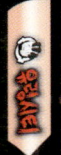    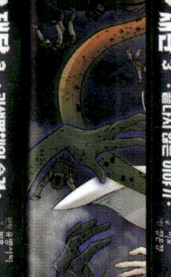       

비밀에 싸인 SCP 존재들을 파헤치다!　　**상상력과 현장감을 재현한 최고의 일러스트!**

      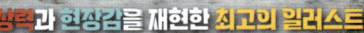